AF284782

Impressum
Verlag: BABADADA GmbH, Nedderfeld 112 , 22529 Hamburg
Geschäftsführer / Verlagsleitung: Harald Hof
Druck: Books on Demand GmbH, In de Tarpen 42, 22848 Norderstedt

Imprint
Publisher: BABADADA GmbH, Nedderfeld 112 , 22529 Hamburg, Germany
Managing Director / Publishing direction: Harald Hof
Print: Books on Demand GmbH, In de Tarpen 42, 22848 Norderstedt

shule
المدرسة

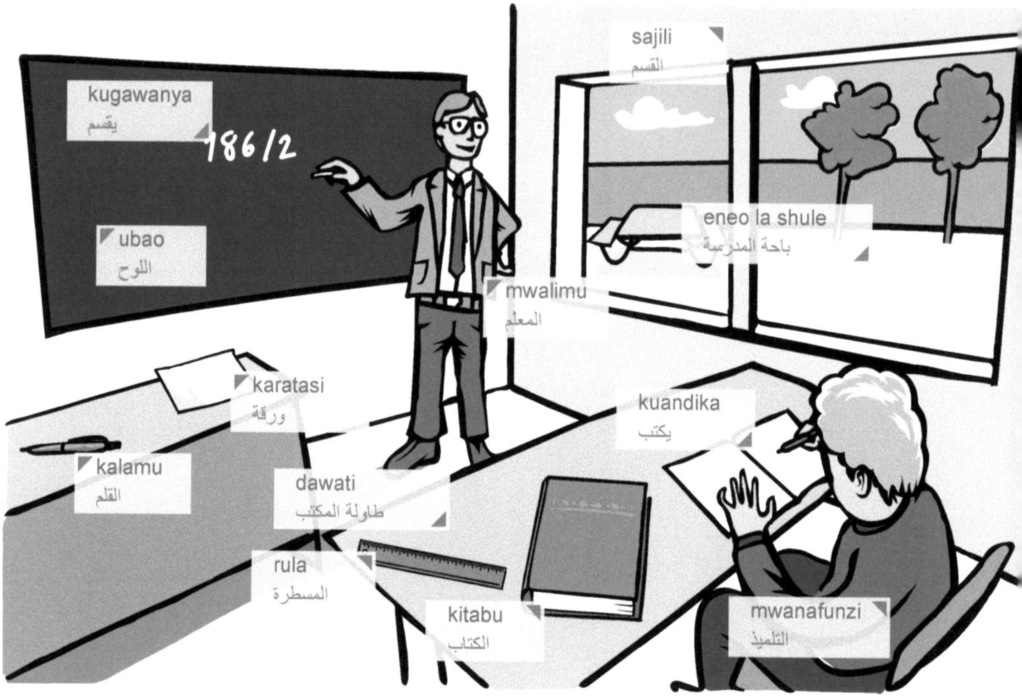

kugawanya
يقسم
186/2
sajili
القسم
ubao
اللوح
eneo la shule
باحة المدرسة
mwalimu
المعلّم
karatasi
ورقة
kuandika
يكتب
kalamu
القلم
dawati
طاولة المكتب
rula
المسطرة
kitabu
الكتاب
mwanafunzi
التلميذ

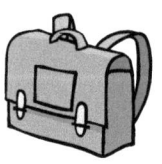

mkoba
الحقيبة المدرسية

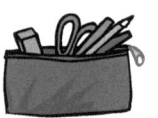

kikasha cha penseli
المقلمة

penseli
قلم الرصاص

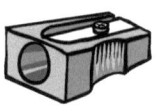

kichonga penseli
البرّاية

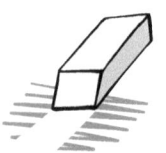

mpira
الممحاة

pedi ya kuchora
دفتر الرسم

uchoraji

الرسمة

brashi ya rangi

الفرشاة

sanduku la rangi

علبة التلوين

mkasi

المقص

gundi

المادة اللاصقة

daftari

دفتر التمارين

kazi ya nyumbani

الواجب المدرسي

nambari

الرقم

jumlisha

يجمع

ondoa

يطرح

zidisha

يضرب

kokotoa

يحسب

barua

الحرف

alfabeti

الأبجدية

neno

كلمة

maandishi

النص

kusoma

يقرأ

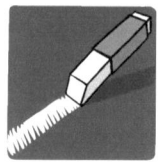

chaki

الطبشور

somo

الحصة

sajili

دفتر الدوام المدرسي

uchunguzi

الامتحان

cheti

شهادة

sare za shule

اللباس المدرسي

elimu

التعليم

elezo

الموسوعة

chuo kikuu

الجامعة

darubini

المجهر

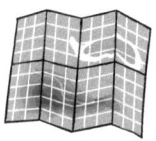

ramani

الخريطة

kikapu cha kuweka karatasi chafu

قماما

hoteli
فندق

Grand

hosteli
بيت الشباب

ofisi ya ubadilishanaji
مكتب صرافة

ROOMS

ÉCHANGE

sanduku
حقيبة

gari
سيارة

lugha

اللغة

ndiyo / la

نعم / لا

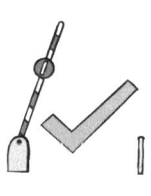

sawa

حسنا

hujambo

مرحبا

mtafsiri

مترجم

Asante

شكرا

kiasi gani ni ...?

كم ثمن ... ؟

Sielewi

لا أفهم

tatizo

مشكلة

Jioni njema!

مساء الخير

Habari za asubuhi!

صباح الخير!

Usiku mwema!

ليلة سعيدة

kwa heri

إلى اللقاء

mwelekeo

اتجاه

mizigo

أمتعة السفر

mfuko

حقيبة

shanta

حقيبة ظهر

mgeni

ضيف

chumba

غرفة

begi la kulalia

كيس للنوم

hema

خيمة

taarifa ya utalii

استعلامات سياحية

ufuo

شاطئ

kadi

بطاقة ائتمان

kifunguakinywa

افطار

chakula cha mchana

طعام الغداء

chakula cha jioni

العشاء

tiketi

بطاقة سفر

kuinua

مصعد

muhuri

طابع بريدي

mpaka

حدود

mila

الجمارك

ubalozi

سفارة

visa

تأشيرة

pasipoti

جواز سفر

usafiri
نقل

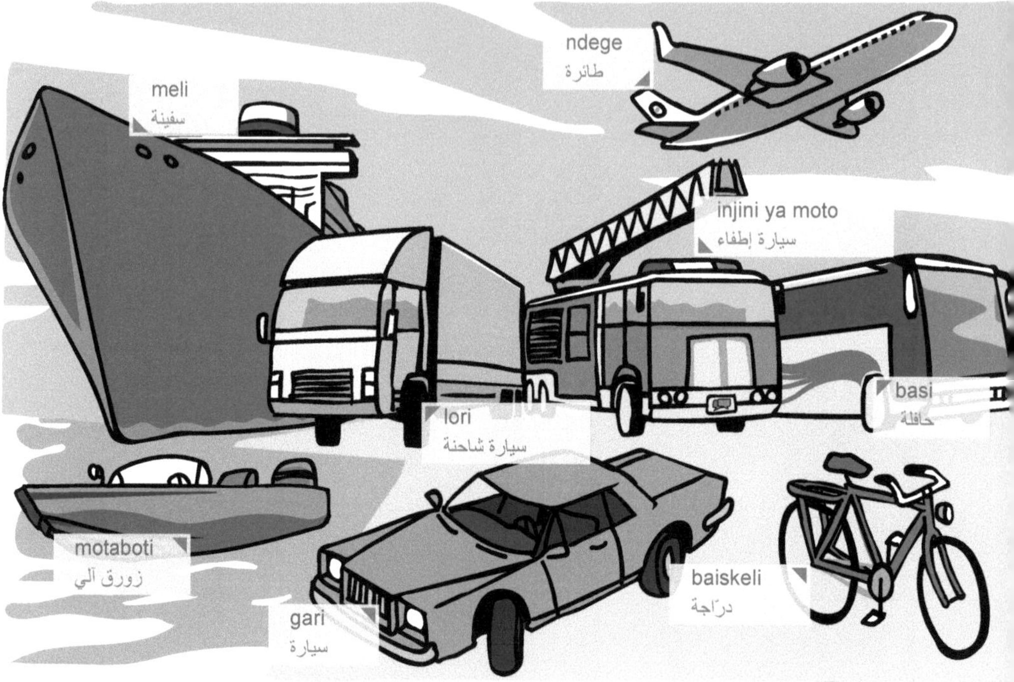
ndege
طائرة
meli
سفينة
injini ya moto
سيارة إطفاء
lori
سيارة شاحنة
basi
حافلة
motaboti
زورق آلي
baiskeli
درّاجة
gari
سيارة

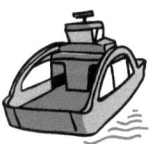

feri

عبارة

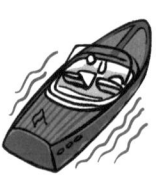

mashua

قارب

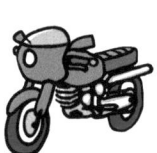

pikipiki

دراجة نارية

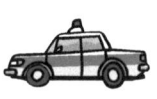

gari la polisi

سيارة شرطة

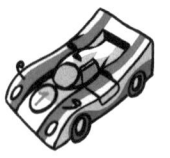

gari la mashindano

سيارة سباق

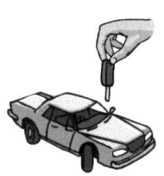

gari la kukodisha

سيارة مستأجرة

kushiriki gari

أسلوب تشاركي في استئجار السيارة

lori la kuvuta

سيارة للجر

ukusanyaji taka

سيارة نقل القمامة

motor

محرك

mafuta

وقود

kituo cha mafuta

محطة وقود

ishara trafiki

إشارة مرور

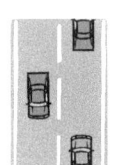

trafiki

حركة السير

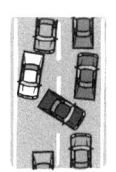

msongamano

ازدحام سير

maegesho

موقف سيارات

kituo cha treni

محطة قطار

reli

سكك حديدية

garimoshi

قطار

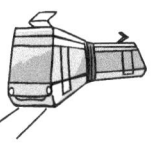

tremu

ترام

gari la mizigo

عربة قطار

helikopta

طائرة مروحية

uwanja wa ndege

مطار

mnara

برج

abiria

مسافر

chombo

حاوية

katoni

علبة كرتون

mkokoteni

عربة يد

kikapu

سلة

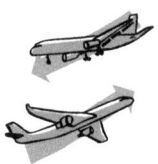

ondoka

يقلع / يهبط

jiji

مدينة

kijiji

قرية

katikati ya jiji

مركز المدينة

nyumba

بيت

sinema
سينما

tangazo
دعاية

taa za mitaani
مصباح الشارع

CINEMA

barabara
شارع

teksi
تاكسي

duka la vitafunio
كشك

mtembea kwa miguu
مشاة

njia ya waenda kwa miguu
رصيف

kivuko
معبر المشاة

pipa
حاوية قمامة

kuvuka
تقاطع

taa za trafiki
إشارة ضوئية

kibanda

كوخ

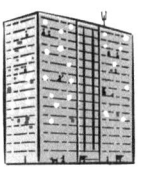

gorofa

شقة

kituo cha treni

محطة قطار

ukumbi wa mji

دار البلدية

Makavazi

متحف

shule

المدرسة

jiji - مدينة

chuo kikuu

الجامعة

benki

مصرف

hospitali

المستشفى

hoteli

فندق

duka la dawa

صيدلية

ofisi

مكتب

duka la kitabu

مكتبة

duka

متجر

duka la maua

محل لبيع الزهور

dukakuu

سوبرماركت

soko

سوق

idara ya kuhifadhi

متجر كبير

mwuza samaki

تاجر السمك

kituo cha ununuzi

مركز تسوّق

bandari

ميناء

Hifadhi

حديقة عامة

benki

مقعد

daraja

جسر

vidato

درج، سلم

chini ya ardhi

مترو

handaki

نفق

kituo cha mabasi

موقف حافلات

bar

بار

mgahawa

مطعم

sanduku la posta

صندوق البريد

ishara ya barabara

لافتة باسم الشارع

mita ya maegesho

مقياس زمن الوقوف

bustani ya wanyama

حديقة حيوانات

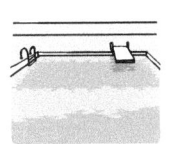

kidimbwi cha kuogelea

مسبح

msikiti

مسجد

shamba

مزرعة

uchafuzi

تلوث البيئة

makaburini

مقبرة

kanisa

كنيسة

uwanja wa michezo

ملعب الأطفال

hekalu

معبد

mazingira

طبيعة ريفية

![scene]
jani — ورقة

ishara ya mwelekeo — علامة إرشاد

njia — طريق

malisho — مرج

mtembeaji wa masafa — رحالة

jiwe — حجر

mti — شجرة

mto — نهر

nyasi — عشب

ua — زهرة

bonde

واد

kilima

جبل

ziwa

بحيرة

msitu

غابة

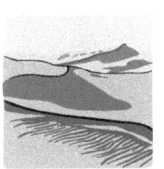

jangwa

صحراء

volkano

بركان

ngome

قلعة

upinde wa mvua

قوس قزح

uyoga

فطر

mtende

نخلة

mbu

بعوض

kuruka

ذبابة

chungu

نملة

nyuki

نحلة

buibui

عنكبوت

mende

خنفساء

chura

ضفدعة

kuchakuro

سنجاب

nungunungu

قنفذ

sungura

أرنب

bundi

بومة

ndege

عصفور

swan

بجعة

nguruwe mwitu

خنزير بري

kulungu

غزال

aina ya kongoni

إلكة

bwawa

سد

tabo ya upepo

دولاب الطاحونة الهوائية

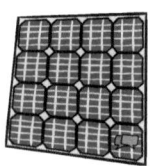

nishaji ya jua

خلية شمسية

hali ya hewa

مناخ

mgahawa
مطعم

mhudumu
نادل
menyu
لائحة الطعام
kiti
كرسي
supu
حساء
piza
بيتزا
vilia
أدوات المائدة
kitambaa cha mezani
غطاء المائدة

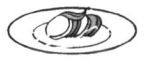

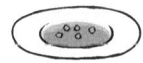

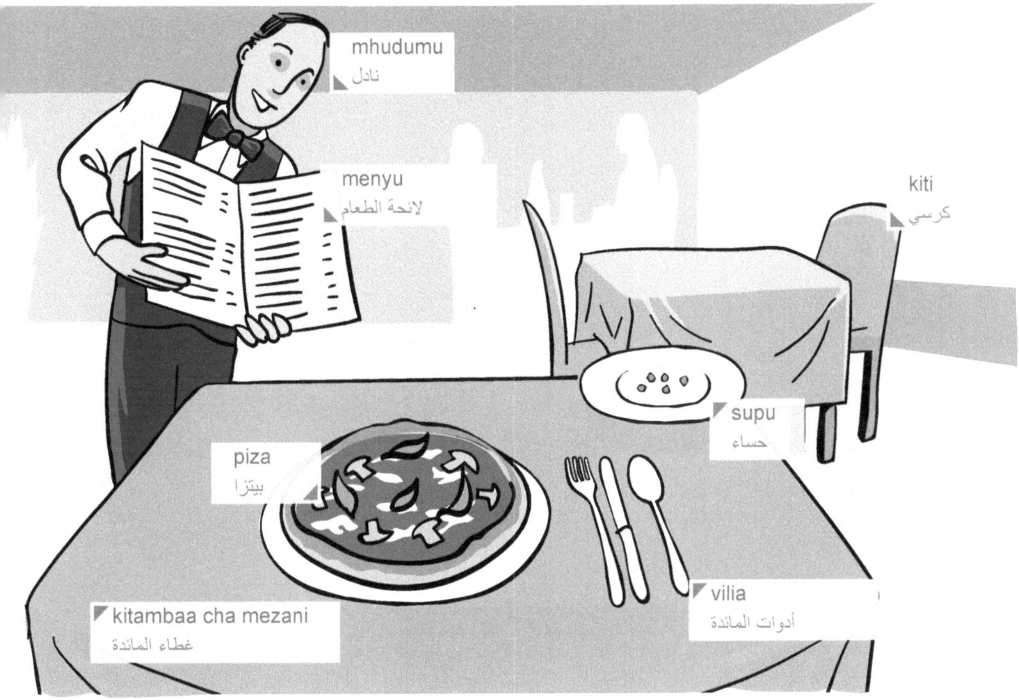

kiamsha hamu
مقبلات

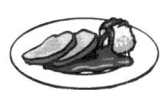

kozi kuu
الصحن الرئيسي

kitindamlo
حلوى او فاكهة بعد الطعام

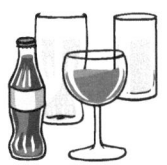

vinywaji
مشروبات

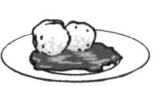

chakula
طعام

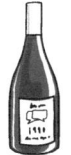

chupa
زجاجة

chakula cha haraka

وجبات سريعة

Streetfood

طعام الشارع

buli

إبريق الشاي

kisanduku cha sukari

علبة السكر

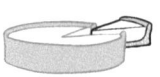

sehemu

حصة

mashine ya espresso

ألة الإسبريسو

kiti kirefu

كرسي عالٍ

muswada

فاتورة

trei

صينية

kisu

سكين

uma

شوكة

kijiko

ملعقة

kijiko cha chai

ملعقة الشاي

nepi

منديل المائدة

glasi

كأس

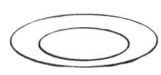

sahani

صحن

sahani ya supu

صحن الحساء

sufuria

صحن الفنجان

mchuzi

صلصة

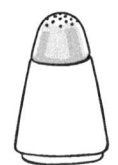

kichanyaji chumvi

مملحة

kinu cha pilipili

مطحنة الفلفل

siki

خل

mafuta

زيت الطعام

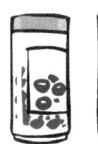

viungo

توابل

kechapu

كتشاب

haradali

خردل

kachumbari nzito

مايونيز

dukakuu

سوبرماركت

ofa maalum
عرض خاص
FOR
mteja
زبون
maziwa
مشتقات الحليب
matunda
فواكه
toroli
عربة تَسوّق

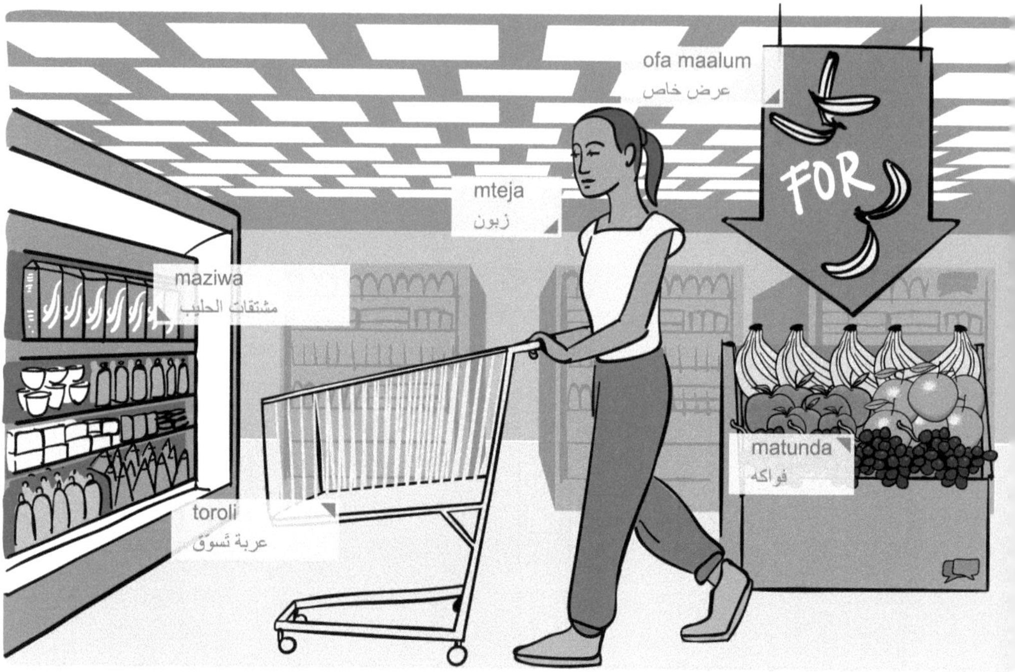

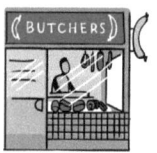

BUTCHERS

mchinjaji

جزّار

BAKERY

mwokaji

مخبز

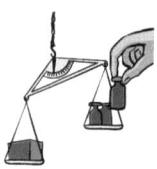

uzito

يزن

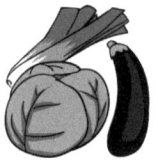

mboga

خضار

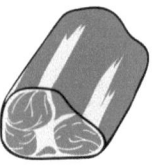

nyama

لحم

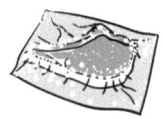

chakula waliohifadhiwa

المأكولات المجمّدة

ipande vya nyama baridi

مرتدلا أو جبن

chakula cha kopo

معلبات

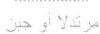

sabuni ya unga

مسحوق الغسيل

pipi

حلويات

bidhaa za kaya

المواد المنزلية

bidhaa za kusafisha

منظفات

mtu mauzo

بائعة

mpaka

صندوق الحساب

keshia

أمين صندوق

orodha ya manunuzi

قائمة المشتريات

masaa ya ufunguzi

أوقات العمل

mkoba

محفظة النقود

kadi

بطاقة ائتمان

mfuko

حقيبة

mfuko wa plastiki

كيس بلاستيكي

maji

ماء

sharubati

عصير

maziwa

حليب

coke

كولا

mvinyo

نبيذ

bia

بيرة

pombe

كحول

kakao

كاكاو

chai

شاي

kahawa

قهوة

spreso

قهوة إسبريسو

kapuchino

كابوتشينو

ndizi

موزة

tufaha

تفاح

machungwa

برتقال

tikiti

بطيخ

lemon

ليمون

karoti

جزرة

kitunguu saumu

ثوم

mianzi

خيزران

kitunguu

بصل

uyoga

فطر

karanga

لوزيات

nudo

شعيرية

spageti

سباغيتي

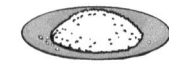

mpunga

أرز

saladi

سلطة

vibanzi

بطاطا مقلية

viazi vya kukaanga

بطاطا مقلية

piza

بيتزا

hambaga

هامبورغر

sandwichi

ساندويش

kipande

شريحة لحم مقلية

paja la mnyama

لحم خنزير

salami

سلامي

soseji

سجق

kuku

دجاج

choma

لحم محمر

samaki

سمك

oats ya uji

دقيق الشوفان

muesli

موسلي

cornflakes

كورن فلكس

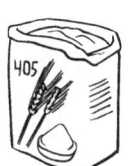

unga

طحين

kroisanti

كرواسان

andazi

خبز صغير

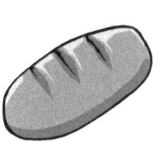

mkate

خبز

mkate wa kubanika

خبز محمص

biskuti

بسكويت

siagi

زبدة

maziwa mgando

لبن زبادي

keki

كعكة

yai

بيضة

yai kukaanga

بيض مقلي

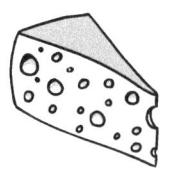

jibini

جبنة

aiskrimu

مثلجات

sukari

سكر

asali

عسل

jemu

مربى الفاكهة

kuenea kwa chokoleti

كريم النوغا

mchuzi wa viungo

الكاري

shamba
مزرعة

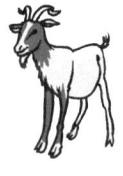

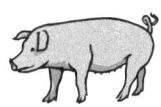

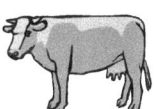

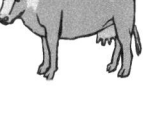

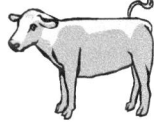

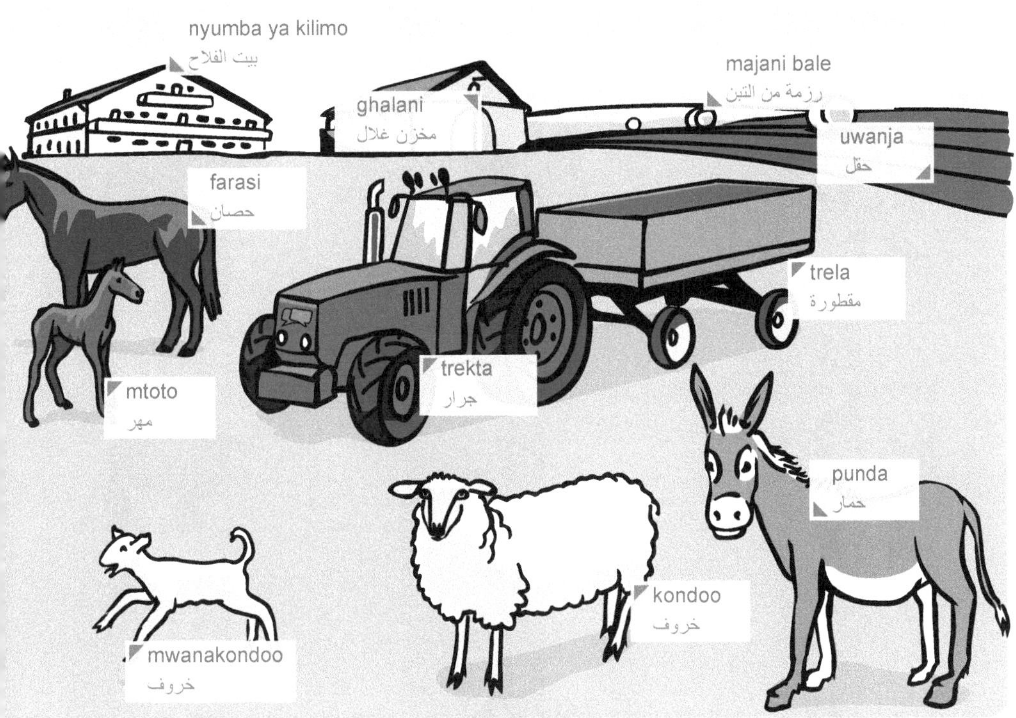
nyumba ya kilimo
بيت الفلاح
ghalani
مخزن غلال
majani bale
رزمة من التبن
uwanja
حقل
farasi
حصان
trela
مقطورة
mtoto
مهر
trekta
جرار
punda
حمار
kondoo
خروف
mwanakondoo
خروف

mbuzi
ماعز

ng'ombe
بقرة

ndama
عجل

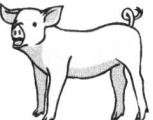

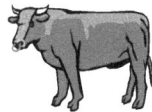

nguruwe
خنزير

mwananguruwe
خنزير صغير

fahali
ثور

batabukini

اوزّة

bata

بطة

kifaranga

صوص

kuku

دجاجة

jogoo

ديك

panya

جرذ

paka

قطة

panya

فأر

ng'ombe

ثور

mbwa

كلب

nyumba ya mbwa

كوخ الكلب

bomba la bustani

خرطوم الحديقة

debe la kumwagilia maji

ابريق

fyekeo

منجل

kulima

المحراث

mundu

منجل

jembe

معزقة

uma wa nyasi

مذراة الزبل

shoka

بلطة

toroli

عربة يد

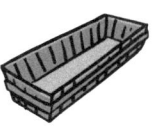

kupitia nyimbo

معلف

chombo cha maziwa

صفيحة الحليب

gunia

كيس

ua

سياج

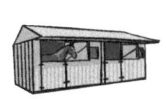

imara

اصطبل

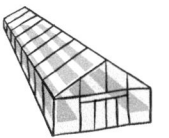

chafu

دفيئة

udongo

تربة

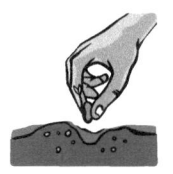

mbegu

بذور

mbolea

سماد

kivunaji

حصّادة درّاسة

shamba - مزرعة   29

mavuno

يحصد

mavuno

محصول

viazi vikuu

بطاطا يامس

ngano

قمح

soya

صويا

viazi

بطاطا

mahindi

ذرة

rapa

سلجم

mti wa matunda

شجرة فاكهة

muhogo

نبات منيهوت

nafaka

الحبوب

nyumba
بيت

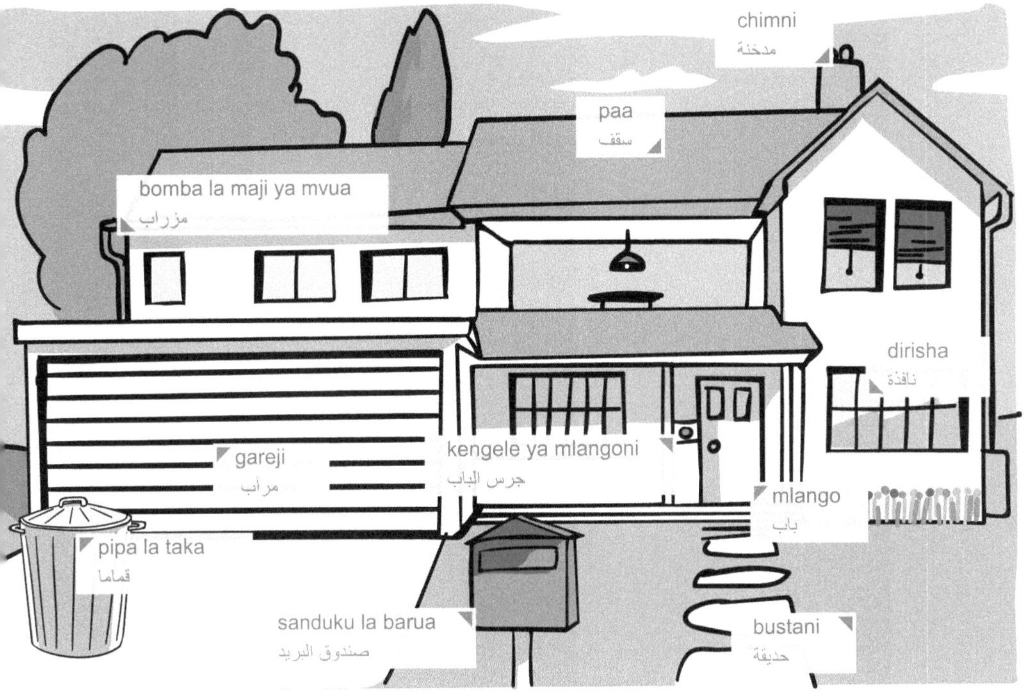
chimni
مدخنة
paa
سقف
bomba la maji ya mvua
مزراب
dirisha
نافذة
gareji
مرآب
kengele ya mlangoni
جرس الباب
mlango
باب
pipa la taka
قماما
sanduku la barua
صندوق البريد
bustani
حديقة

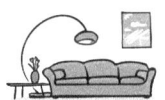

sebuleni

غرفة جلوس

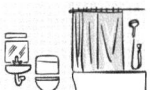

bafu

الحمّام

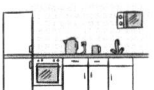

jikoni

مطبخ

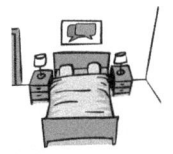

chumba cha kulala

غرفة النوم

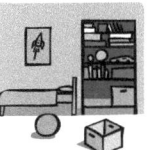

chumba ya mtoto

غرفة الأطفال

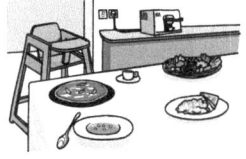

chumba cha kulia

غرفة الطعام

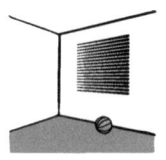

sakafu

أرضية

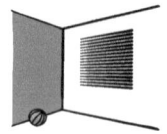

ukuta

حائط

dari

سقف

pishi

قبو

sauna

ساونا

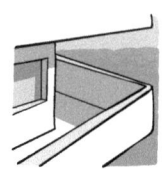

roshani

بلكون

mtaro

شرفة

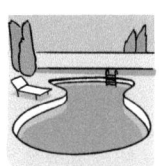

kidimbwi

مسبح

mashine ya kukata nyasi

جزّازة العشب

karatasi

بياضات السرير

kitambaa cha kupamba
kitanda

بطانية

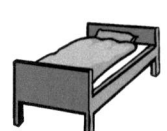

kitanda

سرير

ufagio

مكنسة

ndoo

سطل

kubadili

مفتاح كهربائي

sebuleni
غرفة جلوس

mandhari
ورق جدران
picha
صورة
taa
مصباح كهربائي
rafu
رف
kabati
خزانة
televisheni/runinga
تلفزيون
mekoni
موقد مفتوح
ua
زهرة
mto
وسادة
sofa
كنبة
chombo cha maua
مزهرية
kitenzambali
تحكم عن بعد

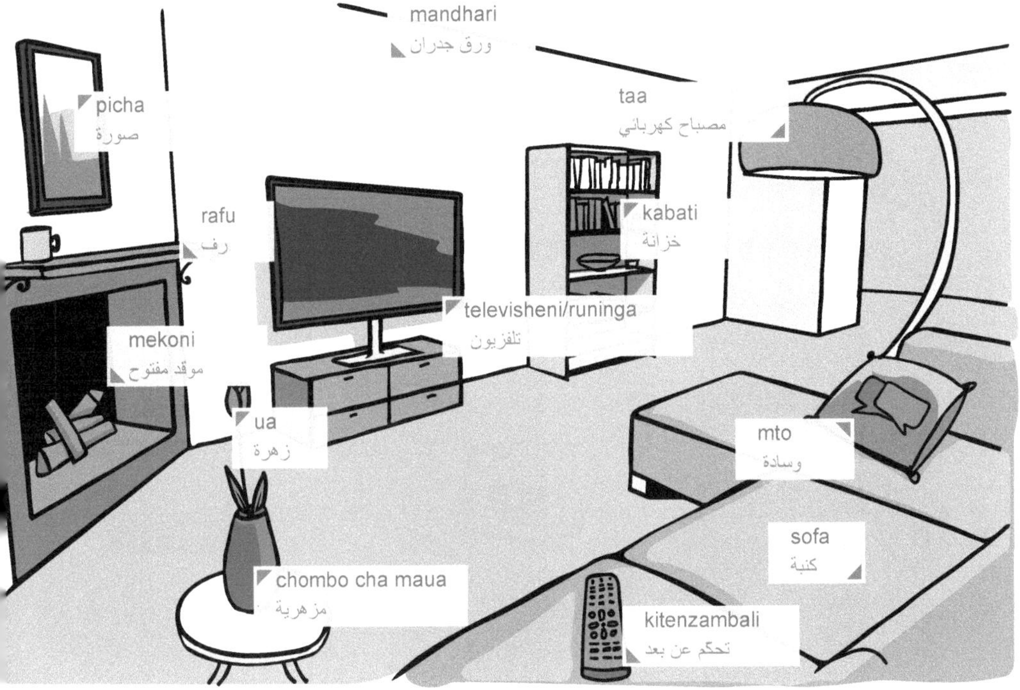

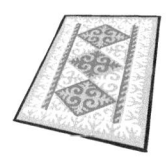

zulia

بساط

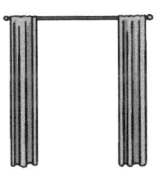

pazia

ستارة

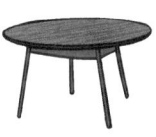

meza

طاولة

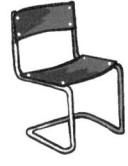

kiti

كرسي

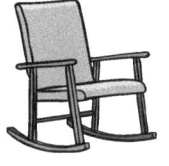

kiti cha bembea

كرسي هزاز

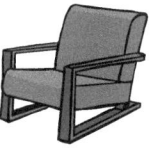

armchair

كرسي ذو ذراعين

kitabu

الكتاب

blanketi

بطانية

mapambo

زخرفة

kuni

الحطب

filamu

فيلم

kifaa cha hi-fi

تجهيزات ستيريو

ufunguo

مفتاح

gazeti

جريدة

uchoraji

لوحة مرسومة

bango

مُلصق

redio

راديو

daftari

دفتر ملاحظات

kifyonza

المكنسة الكهربائية

dungusi kakati

صبار

mshumaa

شمعة

jikoni
مطبخ

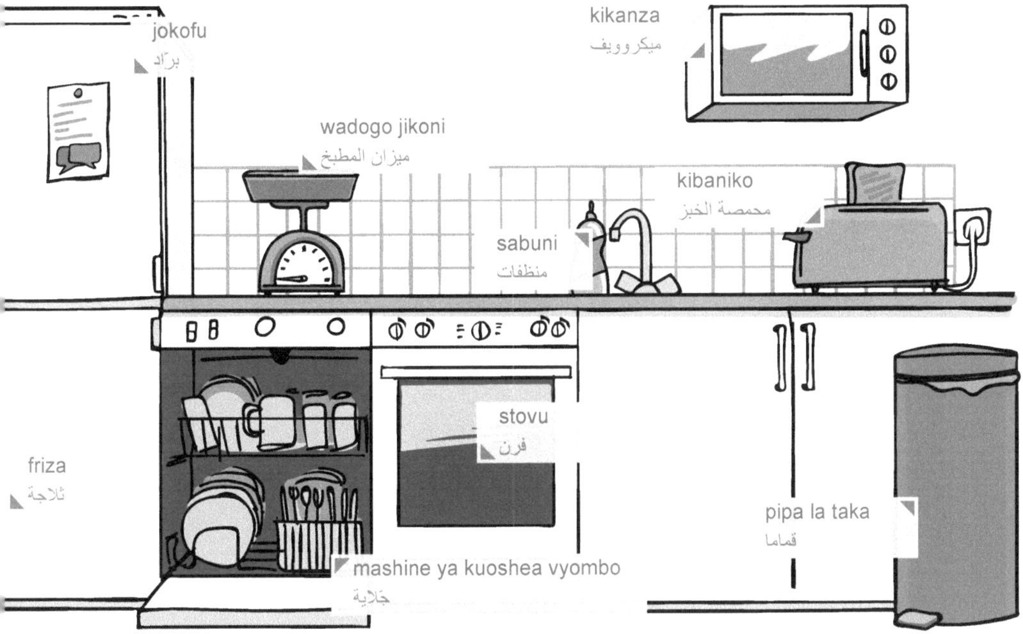
jokofu
برّاد
kikanza
ميكروويف
wadogo jikoni
ميزان المطبخ
kibaniko
محمصة الخبز
sabuni
منظفات
stovu
فرن
friza
ثلاجة
pipa la taka
قماما
mashine ya kuoshea vyombo
جلاية

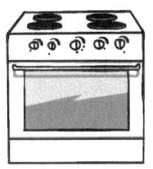

jiko la kupika

موقد

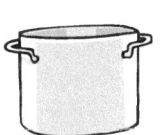

chungu

قدر

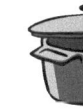

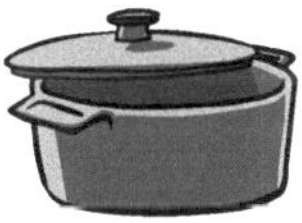

sufuria ya chuma

وعاء من الحديد

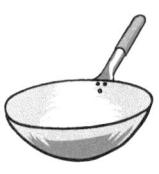

wok / kadai

قدر صيني

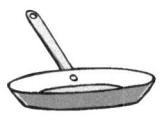

kaango

مقلاة

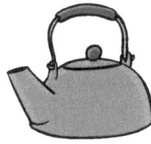

birika

غلاية

stima

قدر البخار

sinia ya kuoka

صينية

vyombo vya udongo

أواني

kombe

فنجان

bakuli

صحن

vijiti vya kulia

عيدان الأكل

ukawa

مغرفة

mwiko mpana

ملعقة منبسطة

burashi

خفاقة

kichujio

مصفاة

chujio

مصفاة

mbuzi

مبشرة

chokaa

هاون

barbeque

شواء

moto wazi

موقد

ubao wa majaribio

لوح التقطيع

kijiti cha kusukuma unga

نشابة

kizibuo

مفتاح الزجاجات

kopo

علبة

inaweza kopo

مفتاح العلب المعدنية

kishikio cha chungu

قماش الفرن

karo

مجلى

brashi

فرشاة

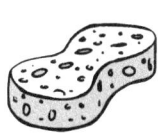

sifongo

اسفنج

kisagaji matunda

خلاط

friji ya kina

مجمّدة

chupa ya mtoto

زجاجة الطفل

bomba

صنبور الماء

bafu

الحمّام

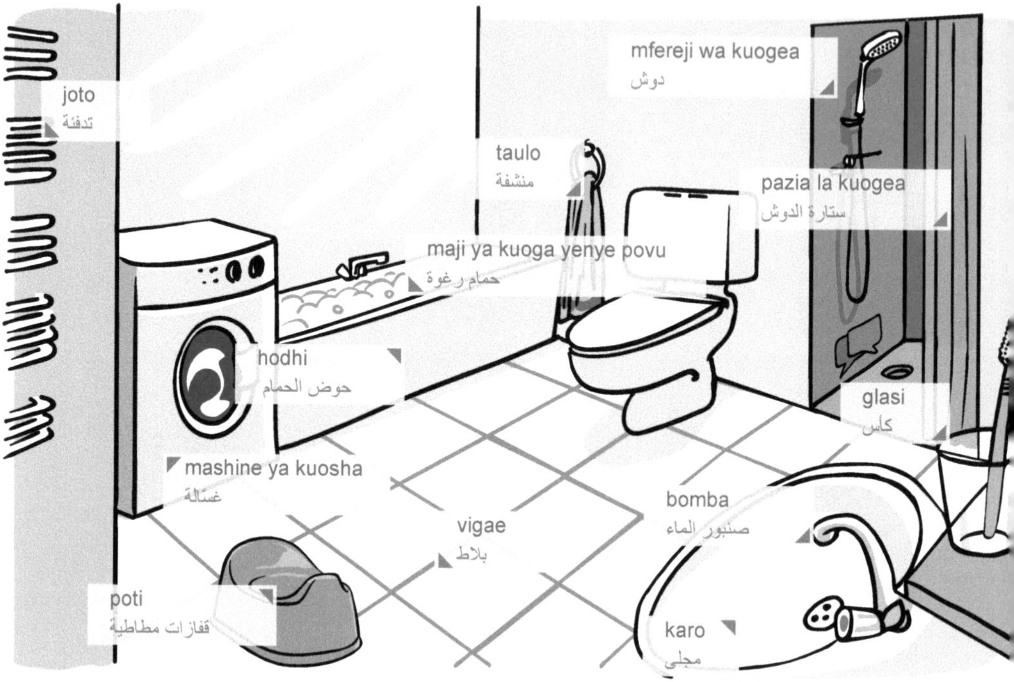

joto
تدفئة
mfereji wa kuogea
دوش
taulo
منشفة
pazia la kuogea
ستارة الدوش
maji ya kuoga yenye povu
حمام رغوة
hodhi
حوض الحمام
mashine ya kuosha
غسالة
glasi
كأس
bomba
صنبور الماء
vigae
بلاط
poti
قفازات مطاطية
karo
مجلى

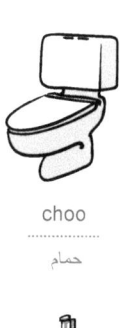

choo
حمام

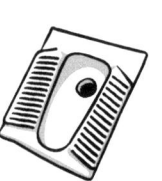

choo cha squat
مرحاض القرفصاء

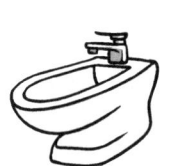

beseni la mviringo
حوض التشطيف

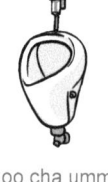

choo cha umma
مبولة

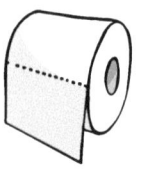

shashi
ورق المرحاض

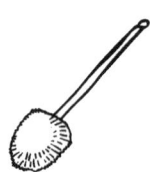

brashi ya choo
فرشاة الحمام

mswaki

فرشاة الأسنان

dawa ya meno

معجون الأسنان

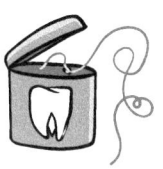

dawa ya meno

خيط حرير لتنظيف الأسنان

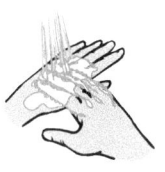

safisha

يغسل

kuoga mkono

رشاش ماء يدوي

msukumo wa maji

شطاف

bonde

حوض الغسيل

mpako wa pili

فرشاة الظهر

sabuni

صابون

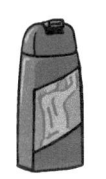

jeli ya kuogea

جيل الدوش

shampuu

شامبو

flana

ممسحة

toa maji

مصرف للماء

krimu

مرهم

kiondoa harufu

مزيل الروائح

kioo

مرآة

kioo mkono

مرآة يد

kinyozi

موس حلاقة

povu la kunyoa

رغوة الحلاقة

baada ya kunyoa

كولونيا

kichana

مشط

brashi

فرشاة

kikausha nywele

سشوار

marashi ya nyewele

مثبت للشعر

vipodozi

ماكياج

kidomwa

روج

varnish ya msumari

طلاء أظافر

pamba

قطن

mkasi wa kucha

مقص أظافر

manukato

عطر

mkoba wa kuosha

سلة الغسيل

kinyesi

مقعد صغير

mizani

ميزان

nguo ya kuoga

معطف الحمام

glavu za mpira

قفازات مطاطية

kisodo

سدادة قطنية

sodo

منشفة صحية

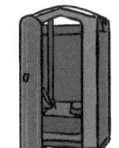

kemikali choo

تواليت كيميائية

chumba ya mtoto
غرفة الأطفال

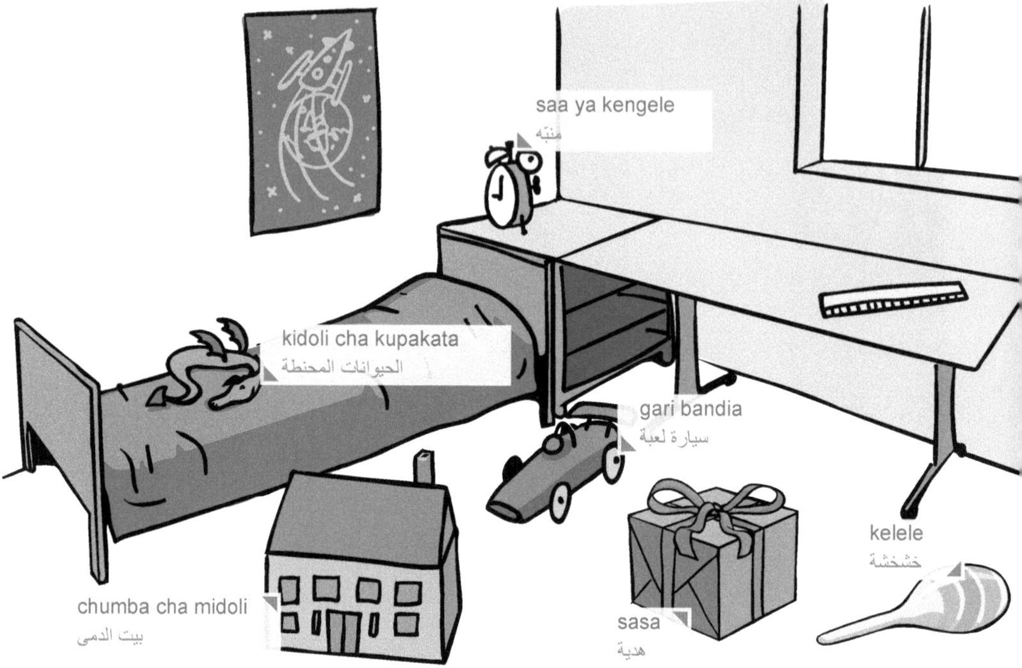
saa ya kengele
منبّه
kidoli cha kupakata
الحيوانات المحنطة
gari bandia
سيارة لعبة
kelele
خشخشة
chumba cha midoli
بيت الدمى
sasa
هدية

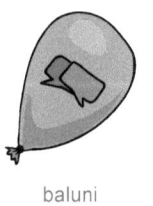

baluni
....
بالون

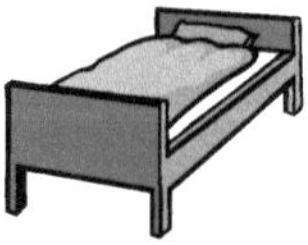

kitanda
....
سرير

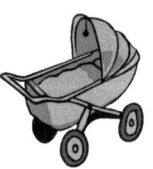

mashua
....
عربة الأطفال

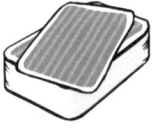

staha ya kadi
....
لعبة الورق

mchezo-fumb
....
أحجية

SUPER MEGA

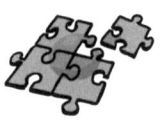

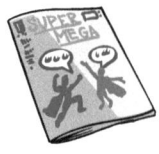

vichekesho
....
رسوم هزلية

matofali lego

أحجار الليغو

vitalu mwigo

حجارة تركيب

hatua takwimu

دمية بطل

suti ya kulalia

لباس الطفل

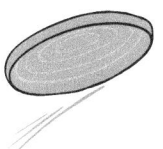

kisahani

فريسبي

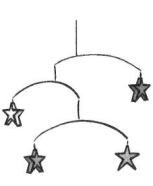

simu

دمية معلّقة

ubao wa michezo

لعبة الطاولة

kete

لعبة النرد

garimoshi mwigo

لعبة قطار

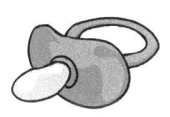

dummy

مصاصة

chama

حفلة

picha kitabu

كتاب مصوّر

mpira

كرة

kikaragosi

دمية

kucheza

يلعب

shimo la mchanga

ملعب رملي للأطفال

bembea

أرجوحة

vitu bandia

لعبة

kiweko cha video ya mchezo

ألعاب فيديو

baiskeli ya magurudumu

دراجة ثلاثية

matatu

mwanasesere

دمية على شكل الدب

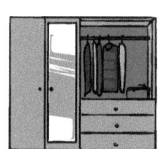

kabati

خزانة الثياب

soksi

جوارب قصيرة

stokingi

جوارب طويلة

kibano

جورب بنطلون

skafu
شال

mwavuli
شمسية

fulana
تي شيرت

ukanda
حزام

viatu
حذاء شتَوي

ndara
شِبْشِب

wakufunzi
أحذية رياضية

malapa
صندل

viatu
حذاء

mabuti ya mpira
جزمة كاوتشوك

suruali ya ndani
سروال داخلي

sidiria
صدارة

fulana
قميص داخلي

mwili

لباس ملاصق للجسم

suruali

بنطلون

dangirizi

جينز

sketi

تنورة

blauzi

بلوزة

shati

قميص

vuta

سترة قطنية

sweta

كنزة كم طويل

bleza

سترة فضفاضة

jaketi

سترة

koti

معطف

koti la mvua

معطف مطري

maleba

زي - طقم نسائي

gauni

ثوب

mavazi ya harusi

ثوب الزفاف

suti

طقم

vazi la usiku

قميص نوم

pajama

بيجاما

sari

ساري

skafu

حجاب

kilemba

عمامة

burka

برقع

kaftan

قفطان

abaya

عباءة

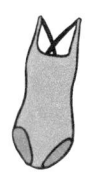

vazi la kuogelea

مايوه

vazi la kiume la kuogelea

سروال سباحة

kaptura

شورت

teitei

بدلة رياضية

aproni

منزر

glavu

قفازات

kifungo

زِرّ

glasi

نظّارة

bangili

إسوارة

mkufu

عِقد

pete

خاتم

herini

قُرط

kofia

طاقِية

kiango cha koti

علاقة ثِياب

kofia

قُبّعة

tai

رِبطة العُنق

zipu

سحّاب

kofia

خوذة

kanda za suruali

حمّالة البِنطلون

sare za shule

اللِباس المدرسي

sare

زي موحّد

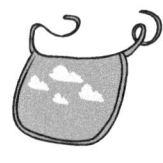

bibu

مريلة الأطفال

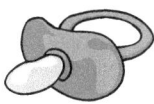

dummy

مصّاصة

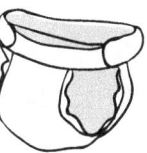

nepi

لفافة

ofisi

مكتب

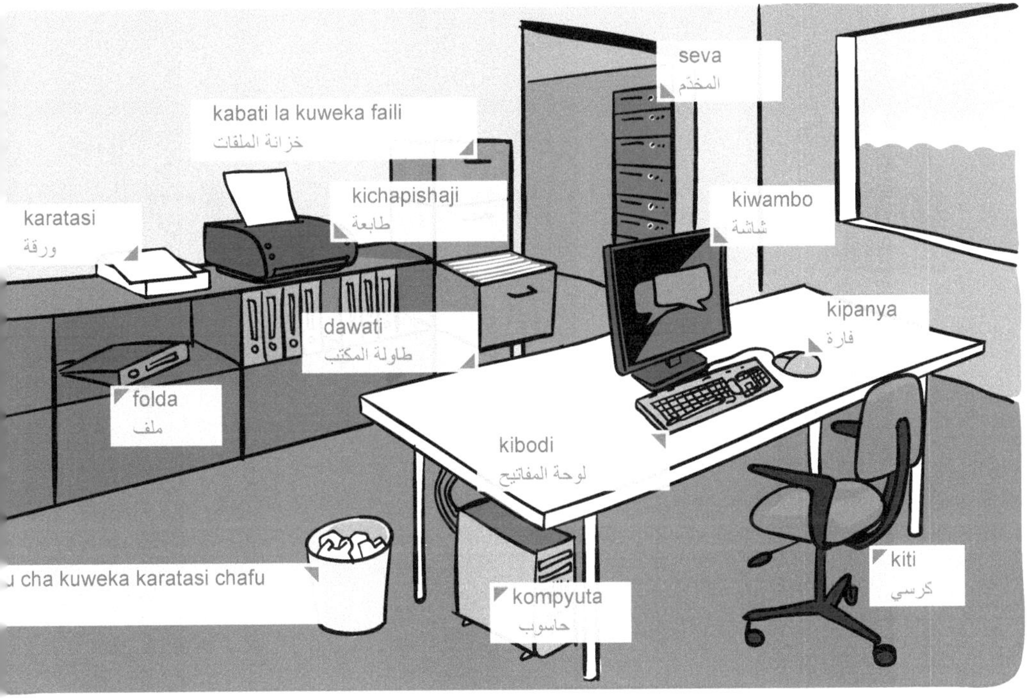

seva
المخدّم
kabati la kuweka faili
خزانة الملفات
kichapishaji
طابعة
karatasi
ورقة
kiwambo
شاشة
kipanya
فارة
dawati
طاولة المكتب
folda
ملف
kibodi
لوحة المفاتيح
u cha kuweka karatasi chafu
kiti
كرسي
kompyuta
حاسوب

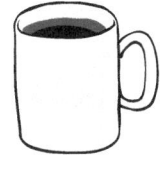

kmobe la kahawa

كأس من القهوة

kikokotoo

الالة الحاسبة

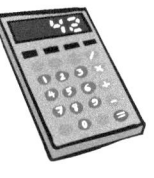

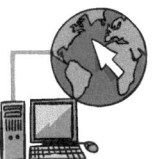

biashara

الإنترنت

mbali

الحاسوب المحمول

barua

رسالة

ujumbe

خبر

rununu

الهاتف المحمول

intaneti

شبكة

fotokopia

جهاز تصوير

programu

البرمجيات

simu

هاتف

soketi

مقبس كهربائي

kipepesi

فاكس

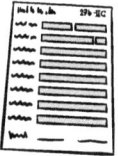

fomu

استمارة

hati

وثيقة

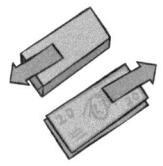

kununua

يشتري

kulipa

يدفع

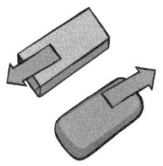

biashara

يتاجر

fedha

مال

dola

دولار

yuro

يورو

yeni

ين

rouble

روبل

faranga ya Uswisi

فرنك سويسري

renminbi yuan

يوان

rupia

روبية

eneo la kulipia

صراف الي

ofisi ya ubadilishanaji

مكتب صرافة

dhahabu

ذهب

fedha

فضة

mafuta

نفط

nishati

طاقة

bei

سعر

mkataba

عقد

kodi

ضريبة

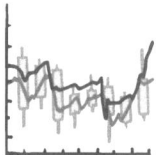

bidhaa

سهم

kazi

يعمل

mfanyakazi

موظف

mwajiri

رب العمل

kiwanda

مصنع

duka

متجر

kazi
المِهَن

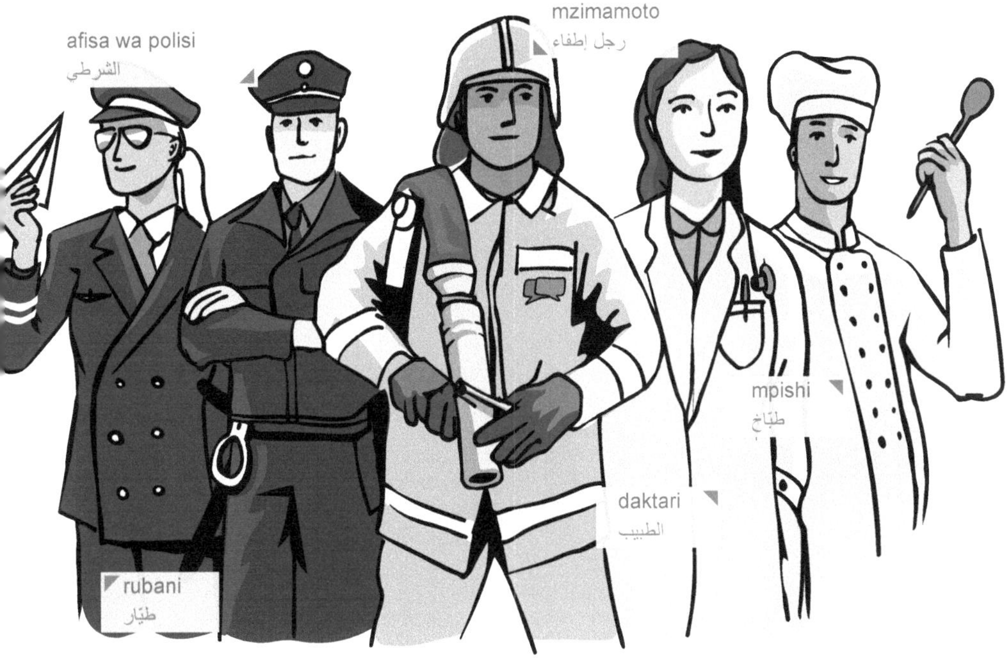
mzimamoto
رجل إطفاء
afisa wa polisi
الشرطي
mpishi
طبّاخ
daktari
الطبيب
rubani
طيّار

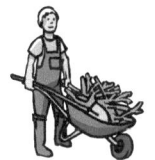

mtunza bustani

بستاني

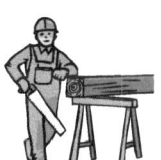

seremala

نجّار

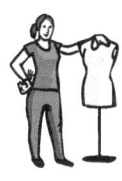

mshonaji

خيّاطة

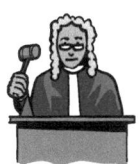

hakimu

قاضٍ

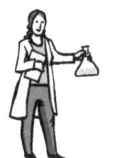

mwanakemia

كيميائي

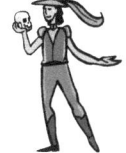

muigizaji

ممثّل

dereva wa basi

سائق حافلة

mvuvi

صياد سمك

mwanamke wa kusafisha

أجيرة للتنظيف

mwezekaji

بناء سقف

mhudumu

نادل

mwindaji

صيّاد

mchoraji

رسّام

mwokaji

خبّاز

umeme

كهرباني

mjenzi

عامل بناء

mhandisi

مهندس

mchinjaji

لحّام

fundi bomba

سمكري

mwanaposta

ساعي البريد

dereva wa teksi

سائق تاكسي

mwanajeshi

جندي

msanifu majengo

مهندس معماري

keshia

أمين صندوق

muuza maua

بائع الزهور

msusi

حلاق

kondakta

مراقب القطار

mekanika

ميكانيكي

nahodha

قبطان

daktari wa meno

طبيب أسنان

mwanasayansi

رجل العلم

rabbi

حاخام

imamu

امام

mtawa

راهب

kasisi

كاهن

zana

عدة عمل

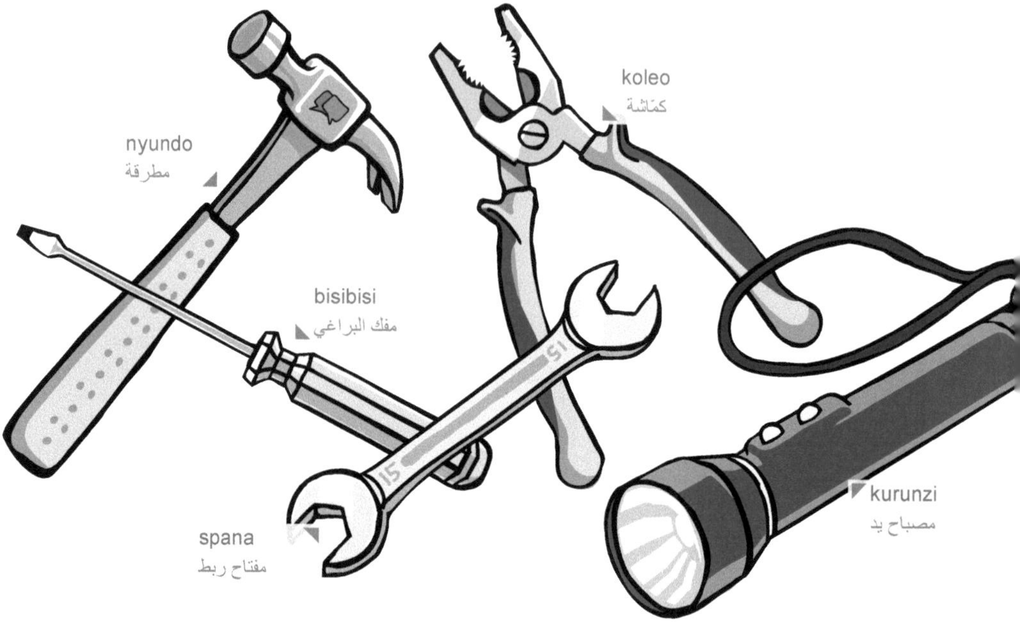

koleo
كمّاشة
nyundo
مطرقة
bisibisi
مفك البراغي
spana
مفتاح ربط
kurunzi
مصباح يد

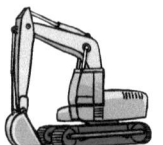

mchimbaji
جرافة

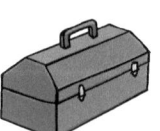

sanduku la vifaa
صندوق العدة

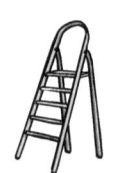

ngazi
سلم

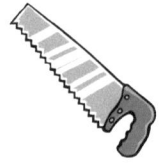

msumeno
منشار

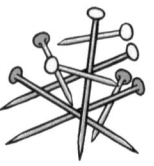

misumari
مسامير

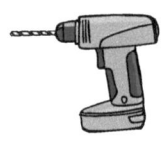

kuchimba visima
مثقب

kukarabati

يصلح

sepetu

مجرفة

Lo!

اللعنة

kishikio cha uchafu

لقاطة الكناسة

chungu cha rangi

سطل الألوان

skurubu

براغي

ala za muziki

آلات موسيقية

mpangilio wa ngoma
آلات الإيقاع

spika
مكبر الصوت

gita
غيتار

besi mara mbili
كمان أجهر

tarumbeta
بوق

piano

بيانو

fidla

كمنجة

ubeji

جهير

timpani

طبل كبير

ngoma

طبل

kibodi

بيانو كهرباني

saksafoni

ساكسوفون

filimbi

ناي

maikrofoni

ميكروفون

bustani ya wanyama

حديقة حيوانات

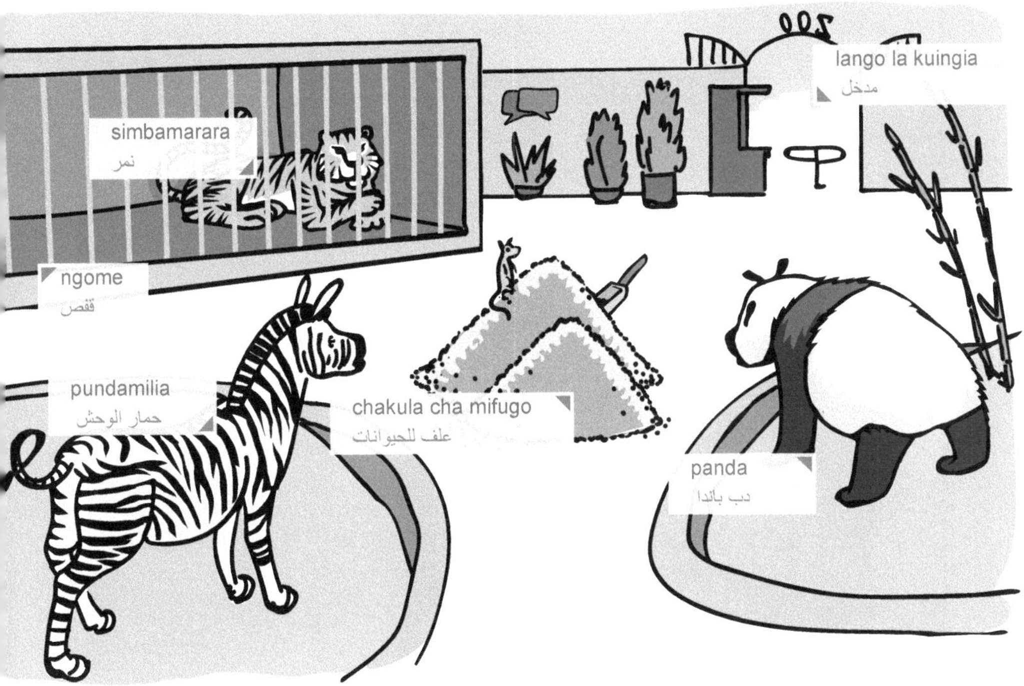

zoo
lango la kuingia
مدخل
simbamarara
نمر
ngome
قفص
pundamilia
حمار الوحش
chakula cha mifugo
علف للحيوانات
panda
دب باندا

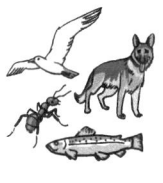

wanyama

حيوانات

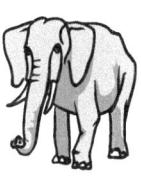

tembo

فيل

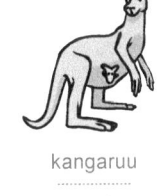

kangaruu

كنغر

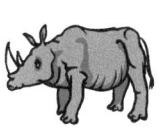

kifaru

وحيد القرن

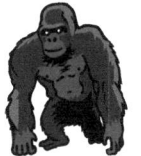

sokwe

غوريلا

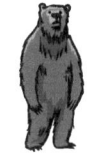

dubu

دب

ngamia

جمل

mbuni

نعامة

simba

أسد

tumbili

قرد

heroe

طائر فلامينغو

kasuku

ببغاء

dubu

دب قطبي

penguini

بطريق

papa

سمك القرش

tausi

طاووس

nyoka

أفعى

mamba

تمساح

mtunza wanyama

حارس في حديقة الحيوان

muhuri

عجل البحر

jaguar

نمر أمريكي مرقط

mwanafarasi

فرس قزم

chui

نمر

kiboko

فرس النهر

twiga

زرافة

tai

نسر

nguruwe mwitu

خنزير بري

samaki

سمك

kobe

سلحفاة

sili

حيوان قط البحري

mbwcha

ثعلب

paa

غزال

soka ya marekani
كرة القدم الأمريكية

uendeshaji baiskeli
ركوب الدراجات

tenisi
كرة التنس

mpira wa kikapu
كرة السلة

kuogelea
السباحة

ndondi
الملاكمة

magongo ya barafuni
هوكي الجليد

soka
كرة القدم

vinyoya
الريشة الطائرة

riadha
ألعاب القوى الخفيفة

mpira wa mikono
كرة اليد

skii
التزلج على الثلج

polo
بولو

shughuli
نشاطات

kuruka
يقفز
kumbatia
يعانق
cheka
يضحك
kutembea
يمشي
kuimba
يغنّي
ota ndoto
يحلم
kuomba
يصلّي
busu
يقبل

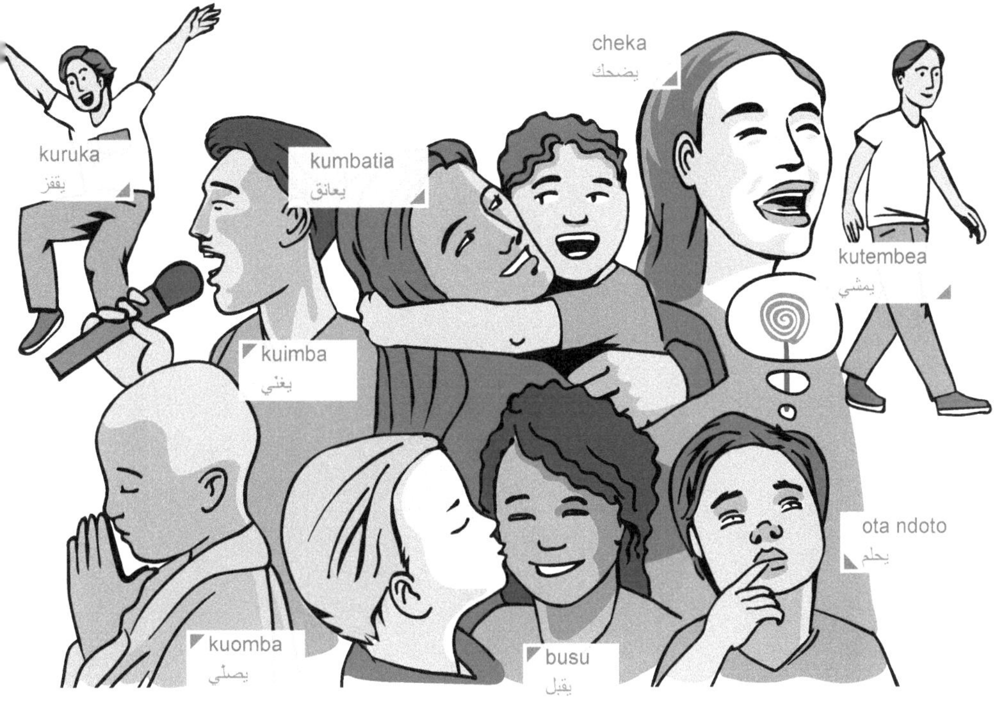

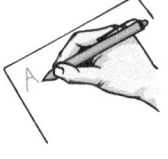

kuandika

يكتب

kuteka

يرسم

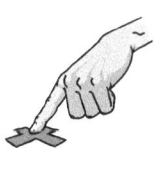

angalia

يُري

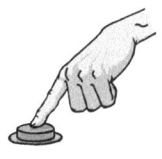

sukuma

يدفع

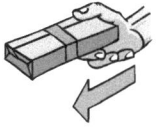

kutoa

يعطي

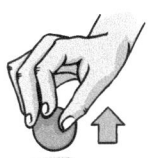

kuchukua

يأخذ

kuwa

يملك

fanya

يعمل

kuwa

يوجد

kusimama

يقف

kukimbia

يركض

vuta

يسحب

kutupa

يرمي

kuanguka

يقع

hadaa

يستلقي

kusubiri

ينتظر

kubeba

يحمل

kukaa

يجلس

vaa nguo

يلبس

usingizi

ينام

kuamka

يستيقظ

kuangalia

ينظر إلى ..

lia

يبكي

kiharusi

يمسد

chana nywele

يمشط

ongea

يتكلم

kuelewa

يفهم

kuuliza

يسأل

kusikiliza

يسمع

kunywa

يشرب

kula

ياكل

nadhifisha

يرتب

upendo

يحب

mpishi

يطبخ

gari

يقود

kuruka

يطير

meli

بيبحر بزورق شراعي

kokotoa

يحسب

kusoma

يقرأ

kujifunza

يتَعلم

kazi

يعمل

kuoa

يتَزوج

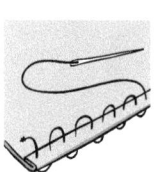

kushona

يخيط

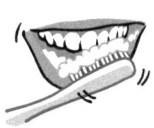

piga mswaki

ينظف أسنانه

kuua

يقتُل

moshi

يدخن

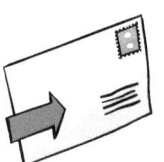

kutuma

يرسل

familia
عائلة

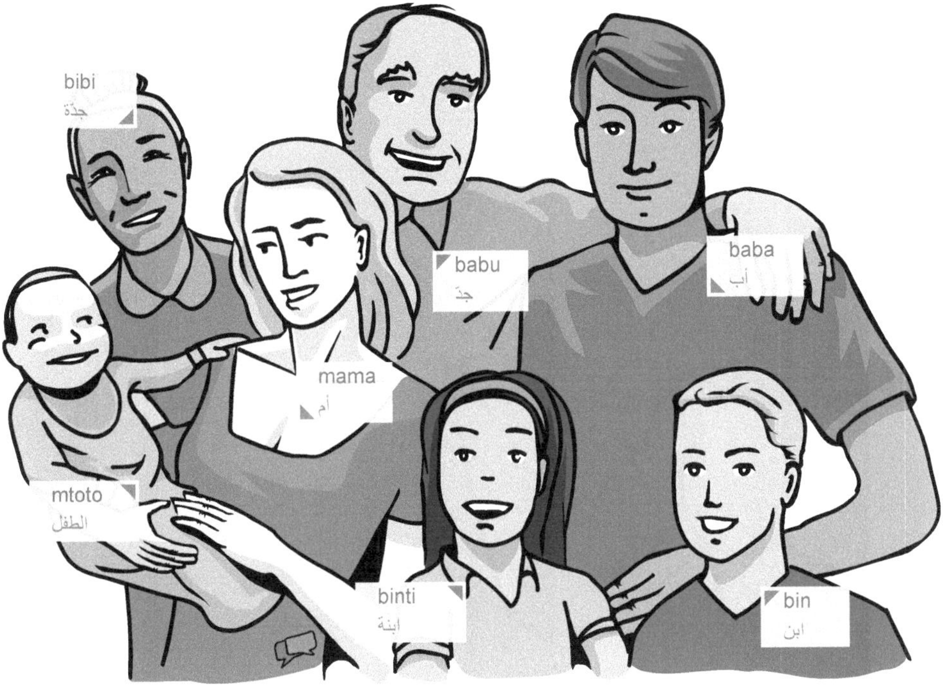
bibi
جدّة
babu
جدّ
baba
أب
mama
أم
mtoto
الطفل
binti
ابنة
bin
ابن

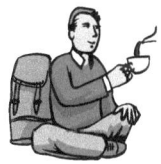

mgeni

ضيف

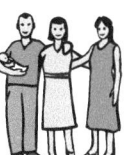

shangazi

عمّة / خالة

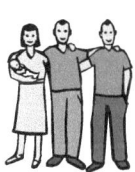

mjomba

عمّ / خال

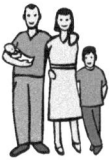

kaka

أخ

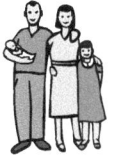

dada

أخت

mwili

الجسم

paji la uso
الجبين
jicho
العين
bega
الكتف
kidole
الإصبع
uso
الوجه
kidevu
الذقن
mkono
اليد
mguu
الساق
matiti
الصدر
mkono
الذراع

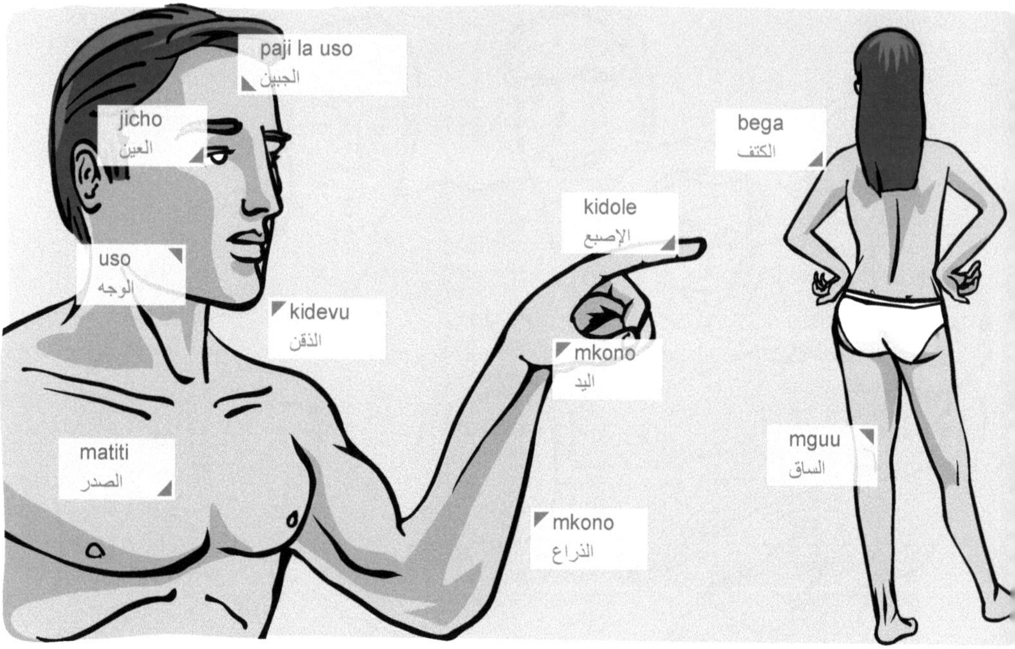

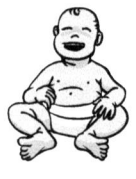

mtoto

الطفل

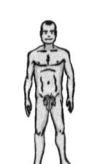

mwanamume

الرجل

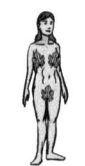

mwanamke

المرأة

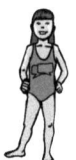

msichana

البنت

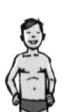

mvulana

الولد

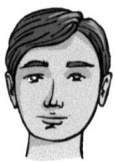

kichwa

الرأس

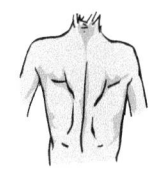

nyuma

الظهر

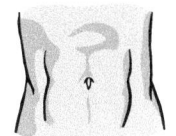

tumbo

البطن

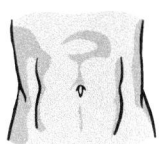

kitovu

السرّة

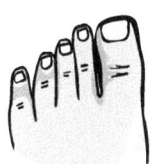

chano

اصبع القدم

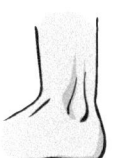

kisigino

الكعب

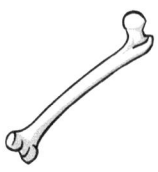

mfupa

العظم

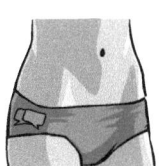

nyonga

الورك

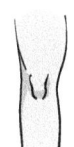

goti

الركبة

kiwiko

المرفق

pua

الأنف

chini

العجز

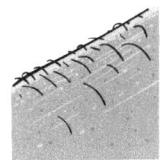

ngozi

البشرة

shavu

الخد

sikio

الأذن

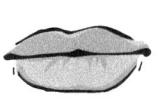

mdomo

الشفة

kinywa

الفم

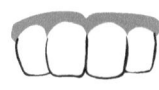

jino

السن

ulimi

اللسان

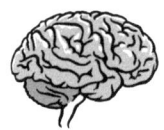

ubongo

الدماغ

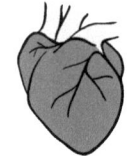

moyo

القلب

misuli

العضلة

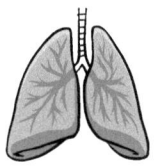

pafu

الرئة

ini

الكبد

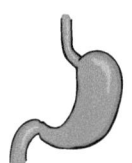

tumbo

المعدة

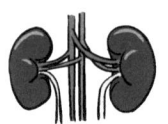

figo

الكلى

jinsia

الاتصال الجنسي

kondomu

الواقي المطاطي

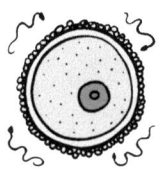

ovari

البويضة

shahawa

المنيّ

mimba

الحمل

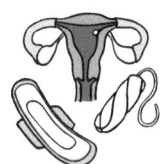

hedhi

الحيض

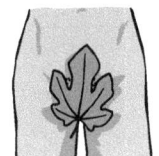

uke

المهبل

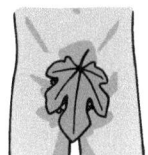

uume

القضيب

unyusi

الحاجب

nywele

الشعر

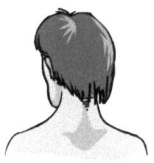

shingo

الرقبة

hospitali

المستشفى

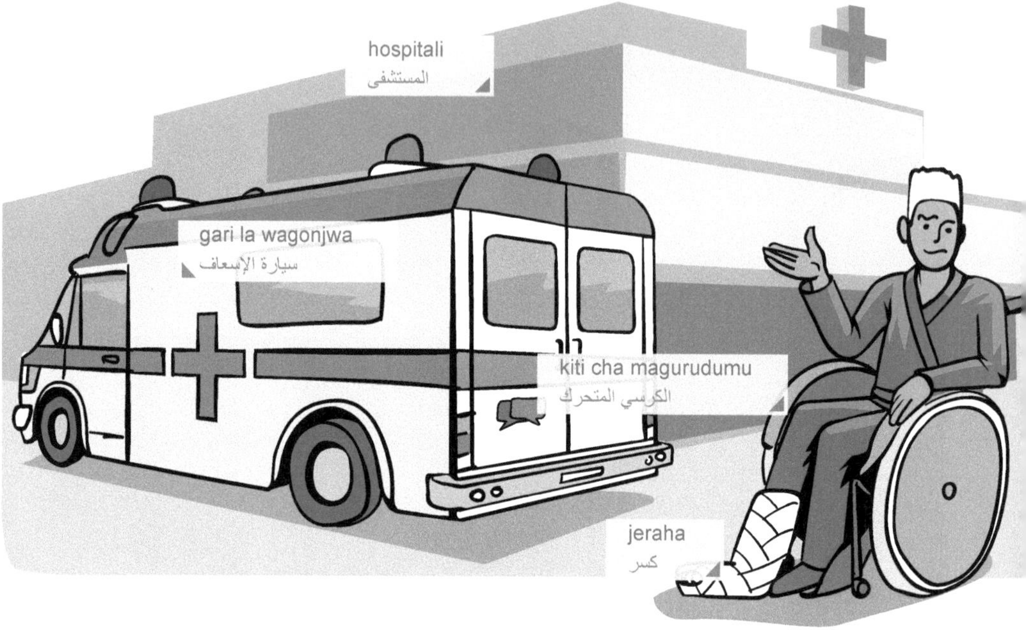

hospitali
المستشفى
gari la wagonjwa
سيارة الإسعاف
kiti cha magurudumu
الكرسي المتحرك
jeraha
كسر

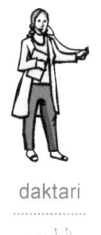

daktari

الطبيب

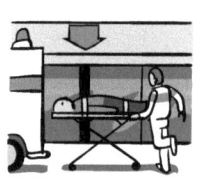

chumba cha dharura

غرفة الإسعاف

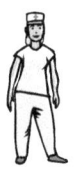

muuguzi

الممرضة

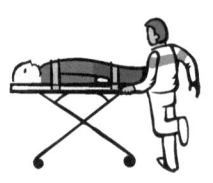

dharura

حالة

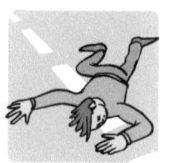

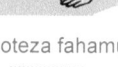

kupoteza fahamu

مغمى عليه

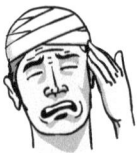

maumivu

الألم

kuumia

إصابة

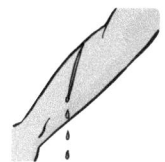

kutokwa na damu

النزيف

mshtuko wa moyo

احتشاء القلب

kiharusi

جلطة

mzio

حسسية

kikohozi

السعال

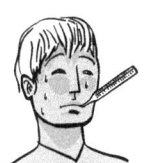

homa

الحُمّى

mafua

إنفلونزا

kuharisha

الإسهال

maumivu ya kichwa

وجع الرأس

kansa

السرطان

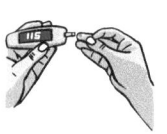

ugonjwa wa kisukari

مرض السكر

daktari mpasuaji

جرّاح

kisu kidogo cha kupasulia

مبضع

operesheni

عملية

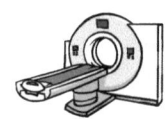

picha changanufu ya mwili

سيتي سكان

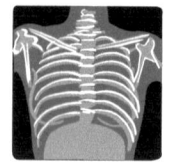

Eksrei

الأشعة السينية

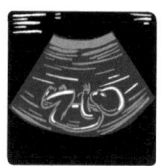

mawimbi sauti

فوق الصوتي

barakoa ya uso

القناع

ugonjwa

المرض

chumba cha kusubiri

غرفة الانتظار

mkongojo

العُكاز

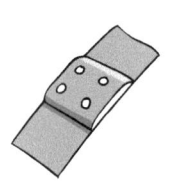

plasta

شريط لاصق

bendeji

ضماد

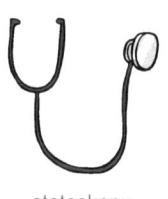

sindano

حقنة

stetoskopu

سمّاعة الطبيب

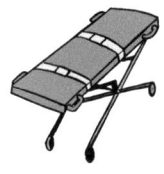

machela

نقالة

kipimajoto cha kliniki

ميزان حرارة

kuzaliwa

ولادة

unene kupita kiasi

وزن زائد

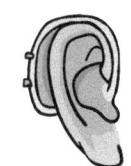

kusikia misaada

جهاز السمع

kipukusi

المواد المعقمة

maambukizi

عدوى

virusi

فيروس

VVU / UKIMWI

الإيدز

dawa

الطب

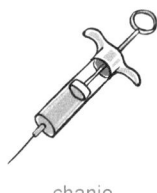

chanjo

اللقاح

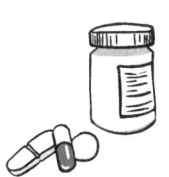

vidonge

أقراص الدواء

kidonge

حبة الدواء

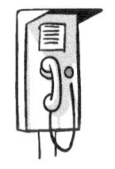

simu ya dharura

نداء النجدة

haemodainamometa

مقياس ضغط الدم

mgonjwa / mwenye afya

مريض / صحيح

Msaada!

النجدة!

kengele

إنذار

pigo

اعتداء

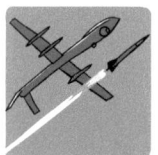

shambulizi

هجوم

hatari

خطر

lango la dharura

مخرج طوارئ

Moto!

حريق!

kizima moto

جهاز الإطفاء

ajali

حادث

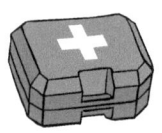

vifaa vya huduma ya kwanza

حقيبة الإسعاف الأولي

wito wa msaada

أنقذونا

polisi

الشرطة

Ulaya

أوروبا

Amerika ya Kaskazini

أمريكا الشمالية

Amerika ya Kusini

أمريكا الجنوبية

Afrika

أفريقيا

Asia

اسيا

Australia

أستراليا

Atlantiki

المحيط الاطلسي

Pasifiki

المحيط الهادي

Bahari ya Hindi

المحيط الهندي

Bahari ya Antaktiki

المحيط المتجمد الجنوبي

Bahari ya Aktiki

المحيط المتجمد الشمالي

Ncha ya Kaskazini

القطب الشمالي

Ncha ya Kusini

القطب الجنوبي

Antaktika

منطقة القطب الجنوبي

dunia

أرض

nchi

بر

bahari

بحر

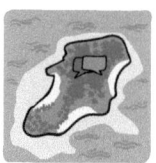

kisiwa

جزيرة

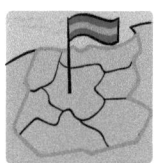

taifa

أمة

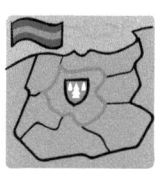

jimbo

دولة

uso wa saa

ميناء الساعة

akrabu ya saa

عقرب الساعات

akrabu ya dakika

عقرب الدقائق

akrabu ya sekunde

عقرب الثواني

Ni saa ngapi?

كم الساعة الان؟

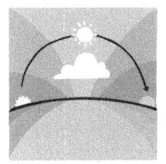

siku

يوم

wakati

زمن

sasa

الان

saa ya dijitali

ساعة رقمية

dakika

دقيقة

saa

ساعة

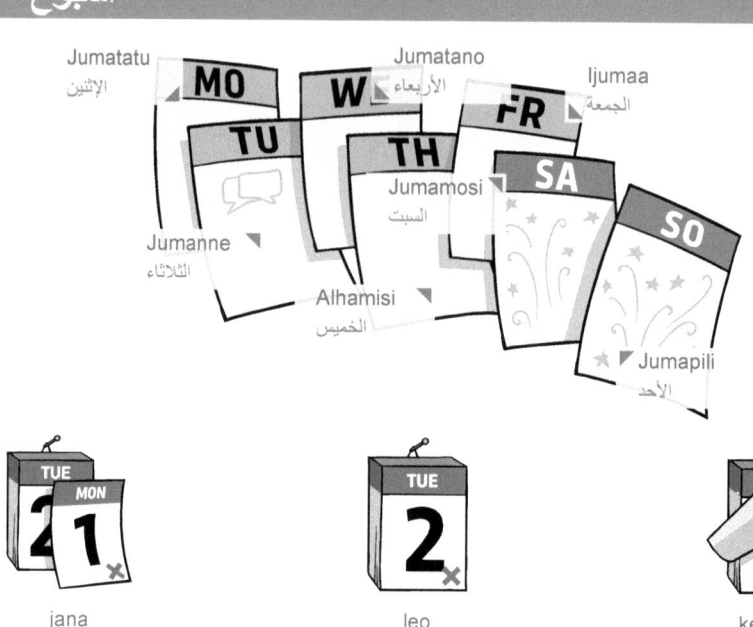

Jumatatu الإثنين — MO

Jumatano الأربعاء — W

Ijumaa الجمعة — FR

TU

TH

SA

Jumanne الثلاثاء

Jumamosi السبت

Alhamisi الخميس

SO

Jumapili الأحد

jana

الأمس

leo

اليوم

kesho

غدا

asubuhi

الصباح

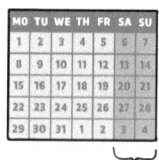

saa sita mchana

الظهر

jioni

المساء

siku za biashara

أيام العمل

mwishoni mwa wiki

نهاية الأسبوع

mvua
مطر

upinde wa mvua
قوس قزح

theluji
ثلج

upepo
ريح

majira ya machipuko
الربيع

vuli
الخريف

kiangazi
الصيف

majira ya baridi
الشتاء

4.APRIL	11°	☀
5.APRIL	4°	☁
6.APRIL	13°	☂
7.APRIL	8°	❄
8.APRIL	10°	❄

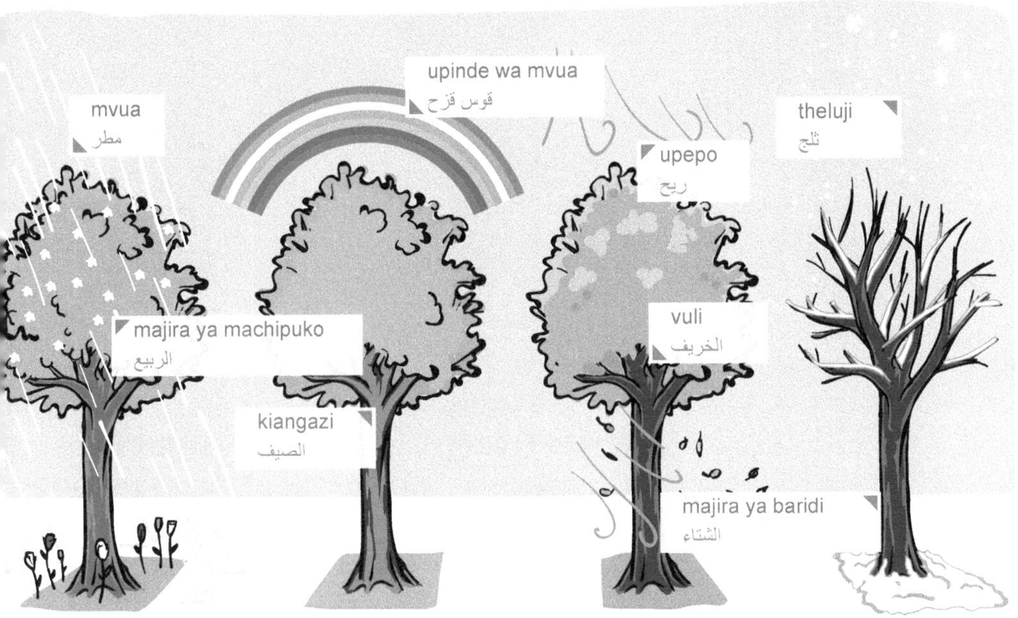

utabiri wa hali ya hewa

التنبؤ بالحالة الجوية

kipimajoto

مقياس حرارة

mwanga wa jua

ضوء الشمس

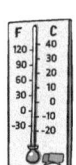

wingu

سحابة

ukungu

ضباب

unyevu

رطوبة الجو

umeme

برق

radi

رعد

dhoruba

عاصفة

mvua ya mawe

برَد

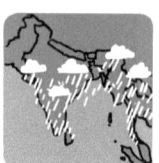

monsuni

ريح موسمية

mafuriko

طوفان

barafu

جليد

Januari

كانون الثاني / يناير

Februari

شباط / فبراير

Machi

اذار / مارس

Aprili

نيسان / أبريل

Mei

أيار / مايو

Juni

حزيران / يونيو

Julai

تموز / يوليو

Agosti

اب / أغسطس

Septemba

أيلول / سبتمبر

Oktoba

تشرين الأول / أكتوبر

Novemba

تشرين الثاني / نوفمبر

Desemba

كانون الأول / ديسمبر

maumbo

أشكال

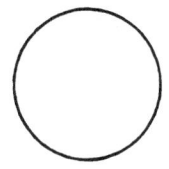

mduara

دائرة

mraba

مربع

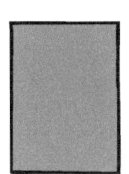

mstatili

مستطيل

pembetatu

مثلث

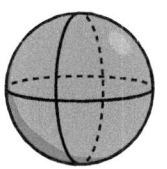

nyanja

كرة

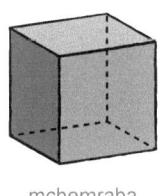

mchemraba

مكعب

nyeupe

أبيض

manjano

أصفر

chungwa

برتقالي

rangi ya waridi

وردي

nyekundu

أحمر

hudhurungi

بنفسجي

bluu

أزرق

kijani

أخضر

hanja

بني

jivujivu

رمادي

nyeusi

أسود

mengi / kidogo

كثير / قليل

hasira / pole

غضبان / هادئ

nzuri / mbaya

جميل / قبيح

mwanzo / mwisho

بداية / نهاية

kubwa / ndogo

كبير / صغير

angavu / giza

فاتح / قاتم

kaka / dada

أخ / أخت

safi / chafu

نظيف / وسخ

kamilika / tokamilika

كامل / ناقص

siku / usiku

نهار / ليل

wafu / hai

ميّت / حيّ

pana / nyembamba

عريض / ضيق

kulika / kutolika

صالح للأكل / غير صالح

ovu / ema

شرّير / لطيف

sisimkwa / udhika

مثير / ممل

nene / nyembamba

سمين / نحيف

kwanza / mwisho

أولا / أخيرا

rafiki / adui

صديق / عدو

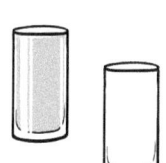

jaa / tupu

مليء / فارغ

ngumu / laini

صلب / لّين

nzito / nyepesi

ثقيل / خفيف

njaa / kiu

جوع / عطش

mgonjwa / mwenye afya

مريض / صحيح

haramu / kisheria

غير شرعي / شرعي

akili / kijinga

ذكي / غبي

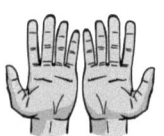

kushoto / kulia

يسار / يمين

karibu / mbali

قريب / بعيد

mpya / kutumika

جديد / مستعمل

kitu / jambo

لا شيء / بعض الشيء

zee / changa

مسن / شاب

waka / zima

يشعل / يطفئ

wazi / fungwa

مفتوح / مغلق

utulivu / kelele

خافت / عال

tajiri / masikini

غني / فقير

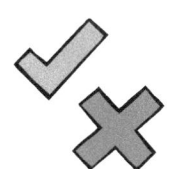

sahihi / kosa

صح / خطأ

mbaya / laini

أخرش / أملس

huzunika / furahia

حزين / سعيد

fupi /ndefu

قصير / طويل

polepole / haraka

بطيء / سريع

nyevu / kavu

مبلول / جاف

joto / baridi

ساخن / بارد

vita / amani

حرب / سلم

0

sufuri

صفر

1

moja

واحد

2

mbili

اثنان

3

tatu

ثلاثة

4

nne

أربعة

5

tano

خمسة

6

sita

ستة

7

saba

سبعة

8

nane

ثمانية

9

tisa

تسعة

10

kumi

عشرة

11

kumi na moja

أحد عشر

12

kumi na mbili

اثنا عشر

13

kumi na tatu

ثلاثة عشر

14

kumi na nne

اربعة عشر

15

kumi na tano

خمسة عشر

16

kumi na sita

ستة عشر

17

kumi na saba

سبعة عشر

18

kumi na nane

ثمانية عشر

19

kumi na tisa

تسعة عشر

20

ishirini

عشرون

100

mia

مائة

1.000

elfu

ألف

1.000.000

milioni

مليون

Kiingereza

الانكليزية

Kiingereza cha Marekani

الانكليزية الأمريكية

Kimandarini cha Uchina

لغة ماندارين الصينية

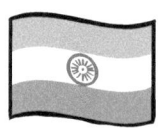

Kihindi

الهندية

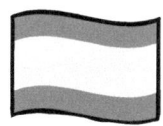

Kihispania

الإسبانية

Kifaransa

الفرنسية

Kiarabu

العربية

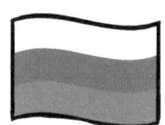

Kirusi

الروسية

Kireno

البرتغالية

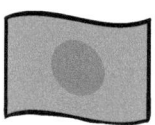

Kibengali

البنغالية

Kijerumani

الألمانية

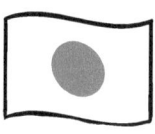

Kijapani

اليابانية

mimi

أنا

wewe

أنت

yeye / yeye / ni

هو / هي

sisi

نحن

wewe

أنتم

wao

هم

nani?

من؟

nini?

ماذا؟

jinsi gani?

كيف؟

wapi?

أين؟

lini?

متى؟

jina

اسم

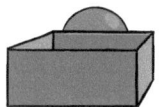

nyuma

خلف

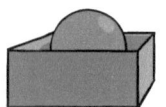

katika

في

mbele ya

أمام

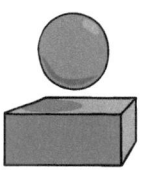

juu ya

فوق

kwenye

على

chini ya

تحت

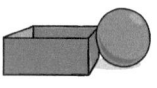

kando

جنب

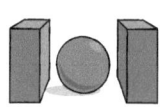

kati

بين

mahali

مكان